BEI GRIN MACHT SICH IHR WISSEN BEZAHLT

AF145765

- Wir veröffentlichen Ihre Hausarbeit,
  Bachelor- und Masterarbeit

- Ihr eigenes eBook und Buch -
  weltweit in allen wichtigen Shops

- Verdienen Sie an jedem Verkauf

Jetzt bei www.GRIN.com hochladen
und kostenlos publizieren

Bibliografische Information der Deutschen Nationalbibliothek:

Die Deutsche Bibliothek verzeichnet diese Publikation in der Deutschen National-bibliografie; detaillierte bibliografische Daten sind im Internet über http://dnb.d-nb.de/ abrufbar.

Impressum:

Copyright © 2017 GRIN Verlag, Open Publishing GmbH
Druck und Bindung: Books on Demand GmbH, Norderstedt Germany
ISBN: 9783668489974

Dieses Buch bei GRIN:

http://www.grin.com/de/e-book/371030/ein-rechtlicher-leitfaden-zu-arbeitszeugnissen

Jörn Uphoff

Ein rechtlicher Leitfaden zu Arbeitszeugnissen

GRIN Verlag

GRIN - Your knowledge has value

Der GRIN Verlag publiziert seit 1998 wissenschaftliche Arbeiten von Studenten, Hochschullehrern und anderen Akademikern als eBook und gedrucktes Buch. Die Verlagswebsite www.grin.com ist die ideale Plattform zur Veröffentlichung von Hausarbeiten, Abschlussarbeiten, wissenschaftlichen Aufsätzen, Dissertationen und Fachbüchern.

Besuchen Sie uns im Internet:

http://www.grin.com/

http://www.facebook.com/grincom

http://www.twitter.com/grin_com

Ein rechtlicher Leitfaden zu Arbeitszeugnissen

Wissenschaftliche Arbeit

Fachbereich: Wirtschaft

Studiengang: B.A. Betriebswirtschaft

Studiengruppe: BA-BW-18-VZ

Abgabetermin: 31.01.2017

Inhaltsverzeichnis

Abkürzungsverzeichnis

ArbG	Arbeitsgericht
BAG	Bundesarbeitsgericht
BBiG	Berufsbildungsgesetz
BGB	Bürgerliches Gesetzbuch
BGH	Bundesgerichtshof
GewO	Gewerbeordnung
LAG	Landesarbeitsgericht
OLG	Oberlandesgericht
SeemG	Seemannsgesetz
z.B.	zum Beispiel

1. Einleitung

Der Arbeitsmarkt ist umkämpft und stark in Bewegung. 2,5 Millionen Menschen sind in Deutschland arbeitssuchend. Somit liegt ein deutliches Missverhältnis zwischen Angebot und Nachfrage bei Arbeitsplätzen vor.

Damit Unternehmen eine erste Personalbeurteilung beim Sichten der Bewerbungsunterlagen durchführen können, haben sich Zeugnisanalysen mit 86% als zweithäufigste Verfahrensweise nach der Lebenslaufanalyse mit 94% implementiert (vgl. Huesmann 2008: S. 108).

Arbeitszeugnisse werden in allen Berufen und Branchen geschrieben und ausgehändigt. Gleichwohl sind Arbeitszeugnisse ein typisch deutsches Phänomen. Neben den deutschsprachigen Ländern Deutschland, Österreich und der Schweiz abgesehen, finden Arbeitszeugnisse global noch keine bedeutsame Rolle.

Das Arbeitszeugnisse einen hohen Stellenwert haben erkennt man unter anderem daran, dass es dies bezüglich zu 30.000 Prozessen jährlich zwischen Arbeitnehmern[1] und Arbeitgebern kommt (vgl. Hesse/Schrader 2015: S.8).

1960 hat das Bundesarbeitsgericht eine Grundsatzentscheidung getroffen (Urteil des BAG 5. Senat, 23.6.1960: 5 AZR 560/58), die eindeutig besagt, dass ein Arbeitszeugnis „der Wahrheit entsprechen und zugleich charakteristisch sein" (Höfers 2011: S. 17) muss.

Arbeitszeugnisse haben für den Erfolg einer Bewerbung daher große Bedeutung – sie können Risiko, aber auch Chance sein.

Im Folgenden soll ein Überblick geschaffen werden, welche Zeugnisarten es gibt. Darüber hinaus werden auch Formvorschriften und Rechtsprechungen genannt. Der Fokus dieser Arbeit ist nicht auf die inhaltlichen Schwerpunkte eines Arbeitszeugnisses ausgerichtet, sondern es sollen juristische Aspekte näher begutachtet werden.

Diese Arbeit soll sowohl Arbeitgebern / Personalern, aber auch Arbeitnehmern, die Rechte und Pflichten zum Thema Arbeitszeugnis näherbringen. Dieser Leitfaden baut auf die Praxis der Privatwirtschaft auf.

---

[1] Aus Gründen der besseren Lesbarkeit wird auf die gleichzeitige Verwendung männlicher und weiblicher Sprachformen verzichtet. Sämtliche Personenbezeichnungen gelten gleichwohl für beiderlei Geschlecht.

2. Gesetzliche Regelungen

Das in Deutschland vorgefundene Zeugnisrecht kann man als Teil des Arbeitsrechts sehen und ist Bestandteil der Rechtsregeln, der in abhängiger Beschäftigung geleisteten Arbeit (vgl. Huesmann 2008, S. 41).

In Deutschland findet man zurzeit keine übergreifende Rechtsordnung bzw. ein einheitliches Arbeitsgesetz.

Gesetze, die für das Arbeitsleben von Bedeutung sind, findet man zurzeit nur in unterschiedlichen Gesetzen, die auch andere Regelungsschwerpunkte enthalten (so z.B. Sozialgesetzbuch IX, Arbeitszeitgesetz, Mutterschutzgesetzt oder BGB).

Dies galt auch bis zum Jahr 2002, Novellierung der Gewerbeordnung, für die Regelungen der Arbeitszeugnisse. Ab diesem Zeitpunkt finden alle abhängig Beschäftigten, bis auf Auszubildende und Seeleuten, Einheit in der Regelung der Arbeitszeugnisse.

Das Gesetz zur Novellierung der GewO wurde am 24.8.2002 durch den deutschen Bundestag verabschiedet (Deutscher Bundestag 2002: 14/8796) und trat zum 1.1.2003 in Kraft.

In § 109 GewO ist geregelt:

„§ 109 Zeugnis

(1) Der Arbeitnehmer hat bei Beendigung eines Arbeitsverhältnisses Anspruch auf ein schriftliches Zeugnis. Das Zeugnis muss mindestens Angaben zu Art und Dauer der Tätigkeit (einfaches Zeugnis) enthalten. Der Arbeitnehmer kann verlangen, dass sich die Angaben darüber hinaus auf Leistung und Verhalten im Arbeitsverhältnis (qualifiziertes Zeugnis) erstrecken.

(2) Das Zeugnis muss klar und verständlich formuliert sein. Es darf keine Merkmale oder Formulierungen enthalten, die den Zweck haben, eine andere als aus der äußeren Form oder aus dem Wortlaut ersichtliche Aussage über den Arbeitnehmer zu treffen.

(3) Die Erteilung des Zeugnisses in elektronischer Form ist ausgeschlossen."

Somit ist nun abschließend und einheitlich der Anspruch auf ein Arbeitszeugnis für Arbeitnehmer in § 109 GewO geregelt.

Auszubildende finden diesen Rechtsanspruch auf ein Ausbildungszeugnis in § 16 BBiG. Hierbei ist zu erwähnen, dass Auszubildende dieses unaufgefordert nach Beendigung der Berufsausbildung ausgehändigt bekommen. Auszubildende haben auch dann einen Anspruch auf ein Ausbildungszeugnis, wenn sie die Abschlussprüfung nicht erfolgreich absolviert haben (vgl. Hesse/Schrader 2015: S.13). Im Gegensatz zu Arbeitnehmern müssen Auszubildende dieses nicht ausdrücklich vom Arbeitgeber verlangen.

Seeleuten wird ein Recht auf auf ein Arbeitszeugnis in § 19 SeemG eingeräumt.

2.1 Rechtsanspruch auf ein Zeugnis

Ein Arbeitszeugnisanspruch, haben wie in Kapitel 2 beschrieben, Arbeitnehmer nach § 109 der GewO. Gleichzeitig findet § 630 BGB auch Geltung. Demnach haben auch leitende Angestellte sowie Geschäftsführer einer GmbH, die nicht unbedingt Gesellschafter sein müssen, ein Anspruch auf ein Arbeitszeugnis (vgl. Urteil des LAG Hamm 4. Kammer, 12.7.1994: 4 Sa 192/94). Nach dieser Rechtsprechung ist die abhängige Beschäftigung maßgebend für das Recht, ein Arbeitszeugnis vom Arbeitgeber oder den Gesellschaftern eines Unternehmens verlangen zu können.

Dem Verlangen nach einem Arbeitszeugnis müssen Arbeitgeber nachkommen.

Für die Ausstellung eines Zeugnisses kann jedoch ein Vertreter bestimmt werden.

Als Arbeitnehmer hat man keinen Rechtsanspruch, dass das Arbeitszeugnis von einer bestimmten Person im Unternehmen unterzeichnet wird (vgl. Urteil des LAG Hamm 4. Kammer, 27.2.1997: 4 Sa 1691/96, Leitsatz 7).

Das Arbeitszeugnis muss jedoch von einer Person unterschrieben werden, die in der betrieblichen Hierarchie dem Zeugnisinhaber übergeordnet ist (vgl. Urteil des LAG Hamm 4. Kammer, 28.3.2000: 4 Sa 775/99).

Nach einem Grundsatzurteil des BAG kann der Arbeitnehmer auch von seinem Konkursverwalter ein Arbeitszeugnis über Verhalten und Leistung verlangen, welches die Zeiten vor der Konkurseröffnung inkludiert (vgl. Urteil des BAG 5. Senat, 30.11.1991: 5 AZR 32/90).

Als Anspruchszeitpunkt eines Arbeitszeugnisses, nennt der Gesetzgeber den Zeitpunkt nach der Beendigung eines Arbeitsverhältnisses (vgl. §109 Abs. 2 GewO).

Innerhalb eines Beschäftigungsverhältnisses können Arbeitnehmer ein Zwischenzeugnis verlangen. Einen grundsätzlichen Rechtsanspruch dafür gibt es jedoch nicht.

In besonderen Fällen, wie z.b. einem Wechsel eines Vorgesetzten oder einer Betriebsübernahme eines Dritten, geht die Literatur dennoch von einem Rechtsanspruch aus (vgl. Beck 2005: S. 1591f.).

Handelt es sich bei dem Beschäftigungsverhältnis um eine kurzzeitige Beschäftigung, so hat der Arbeitnehmer ausschließlich Anspruch auf die Beschreibung der ausgeführten Aufgaben und Tätigkeiten.

Als kurzzeitig Beschäftigt bezeichnet die Rechtsprechung Beschäftigungen, die die Dauer von 4 Monaten nicht überschreiten (vgl. Urteil des ArbG Frankfurt 7. Kammer, 8.8.2001: 7 Ca 8000/00).

Generell gilt für Arbeitnehmer, dass die Zeugniserteilung eine Holschuld ist: Vom Arbeitnehmer ist zu verlangen, dass er sein Arbeitszeugnis beim Arbeitgeber abholt (vgl. Urteil des BAG 5. Senat, 8.3.1995: 5 AZR 848/93).

Der Rechtsanspruch auf ein Arbeitszeugnis, verjährt gemäß § 195 BGB nach drei Jahren.

2.2 Zeugnisklarheit und Zeugniswahrheit

Der Inhalt eines Arbeitszeugnisses verfolgt seinem üblicherweise klar definierten Zweck. Bereits im Jahr 1960 formulierte das BAG die Grundsätze für Arbeitszeugnisse:

„Das Zeugnis soll einerseits dem Arbeitnehmer als Unterlage für eine neue Bewerbung dienen, andererseits einen Dritten, der die Einstellung des Zeugnisinhabers erwägt unterrichten. Es muß alle wesentlichen Tatsachen und Bewertungen enthalten, die für die Gesamtbeurteilung des Arbeitnehmers von Bedeutung und für den Dritten von Interesse sind. Einmalige Vorfälle oder Umstände, die für den Arbeitnehmer, seine Führung oder Leistung nicht charakteristisch sind – seien sie für ihn vorteilhaft oder nachteilig – gehören nicht in das Zeugnis. Weder Wortwahl noch Satzstellung noch Auslassungen dürfen dazu führen, daß bei Dritten der Wahrheit nicht entsprechende Vorstellungen entstehen" (Urteil des BAG 5. Senat, 23.6.1960: 5 AZR 560/58, Leitsatz 1).

Diese Grundsatzformulierung ist bis heute zentraler Bestandteil vieler Urteile.

Sie unterstreicht, welch großes Interesse Arbeitnehmer an inhaltlichen Formulierungen eines Arbeitszeugnisses haben. Arbeitszeugnisse sind fester Bestandteil der Bewerbungsunterlagen und werden von Arbeitgebern zur Personalauswahl genutzt. Die entsprechende Bedeutung von Arbeitszeugnissen im Bewerberauswahlverfahren wurde in Kapitel 1 beschrieben.

Zudem können Arbeitnehmer aus dem Zeugnis eine Beurteilung ihres Verhaltens und der vergangenen erbrachten Leistungen entnehmen. Die Interessen von zukünftigen Arbeitgebern und dessen zukünftigen Arbeitnehmern können widerstreitend sein. Auf der einen Seite können Arbeitnehmer ihre Fähigkeiten als unterbewertet betrachten, Interessen von Arbeitgebern können durch eine Überbewertung gefährdet werden.

Aus diesem Grund werden in der Rechtsprechung zwei inhaltliche Anforderungen an das Arbeitszeugnis gestellt. Man spricht von der Zeugniswahrheit und der Zeugnisklarheit (vgl. Huesmann 2008: S.47).

Unter dem Begriff der Zeugniswahrheit versteht man, dass im Arbeitszeugnis alle wesentlichen Beurteilungen und Tatsachen vorzufinden sein müssen, die für eine Gesamtbeurteilung eines Arbeitnehmers von entscheidender Bedeutung sind (vgl. Urteil des BAG 5. Senat, 23.6.1960: 5 AZR 560/58, Rn. 38).

Das Arbeitszeugnis soll den beiden Interessensgruppen gleichermaßen gerecht werden. Der Inhalt des Arbeitszeugnisses muss zum einen der Wahrheit entsprechen und dennoch das Wohlwollen gegenüber dem Arbeitnehmer zeigen. Ein Arbeitszeugnis darf dem Arbeitnehmer das weitere Fortkommen in keiner Weise ungerechtfertigt erschweren (vgl. Urteil des BAG 5. Senat, 3.3.1993: 5 AZR 182/92, Rn. 11).

Es ist für Arbeitgeber ein schwieriges Unterfangen ein Zeugnis wahrheitsgemäß und zu gleich wohlwollend zu verfassen, wobei zu beachten ist, dass die Wahrheitspflicht, durch das Wohlwollen zu keinem Zeitpunkt aufgehoben wird.

Um dem Zeugnis permanent die Wahrheitspflicht garantieren zu können, ist es zudem nicht mit dem deutschen Recht vereinbar, dem Arbeitnehmer nur über einen bestimmten Zeitraum seiner Beschäftigung, ein Arbeitszeugnis auszustellen (vgl. Urteil des LAG Hessen 13. Kammer, 14.9.1984: 13 Sa 64/84).

Sollte der Arbeitnehmer, während seines Beschäftigungsverhältnisses, unterschiedliche Tätigkeiten ausgeübt haben, so ist es vom Arbeitgeber auch zu unterlassen, differenzierte Arbeitszeugnisse für unterschiedliche Funktionen auszustellen.

Der Begriff der Zeugnisklarheit ist seit der Novellierung auch in § 109 Abs. 2 GewO geregelt und somit gesetzlich verbindlich.

Das Gesetz besagt: „Das Zeugnis muss klar und verständlich formuliert sein. Es darf keine Merkmale oder Formulierungen enthalten, die den Zweck haben, eine andere als aus der äußeren Form oder aus dem Wortlaut ersichtliche Aussage über den Arbeitnehmer zu treffen" (§109 Abs. 2 GewO).

Somit darf das Arbeitszeugnis, aufgrund von Satzstellungen, Formulierungen oder Mehrdeutigkeiten zu keinen falschen Schlüssen oder Irrtümern Dritter führen.

Bei der Beurteilung eines Arbeitszeugnisses hat das Gericht den Grundsatz zu beachten, die „ein verständiger und gerecht denkender Arbeitgeber angewandt hätte, wenn er den Arbeitnehmer zu beurteilen gehabt hätte" (Urteil des LAG Hamm 4. Kammer, 17.12.1998: 4 Sa 630/98, Rn. 63).

3. Zeugnisarten

Im Zeugnisrecht unterscheidet man in Deutschland zwischen dem einfachen und dem qualifizierten Zeugnis. Als Arbeitnehmer muss man sich für eine der beiden Zeugnisarten entscheiden, da man als Arbeitgeber nur eine Zeugnisart für eine ausgeübte Beschäftigung ausstellen darf.

Wenn einem Arbeitnehmer ein einfaches Arbeitszeugnis nach seinem Verlangen bereits ausgestellt worden ist, kann er anschließend kein zusätzliches qualifiziertes Arbeitszeugnis von seinem Arbeitgeber verlangen. Der Arbeitnehmer hat in diesem Fall bereits sein Wahlrecht ausgeübt und seitens des Schuldrechts gesehen, stellt das gewählte Arbeitszeugnis bereits die geschuldete Leistung dar (vgl. Urteil des LAG Sachsen 2. Kammer, 26.3.2003: 2 Sa 875/02).

Das einfache Arbeitszeugnis beschreibt nur die auszuübenden Tätigkeiten. In dieser Zeugnisform findet man keine bewertenden Aussagen über die Führung des jeweiligen Mitarbeiters oder über seine erbrachten Leistungen. Es muss Angaben zur Person, Art der Beschäftigung, Dauer des Beschäftigungsverhältnisses und den Beendigungsmodalitäten enthalten. Die Art der Tätigkeit ist auch in einem einfachen Zeugnis genau und umfangreich zu beschreiben, da auch hier das Gebot der Zeugniswahrheit einzuhalten ist. Häufig findet das einfache Arbeitszeugnis bei kurzfristigen Beschäftigungen gebrauch.

Auf Verlangen des Arbeitnehmers, ist jeder Arbeitgeber nach §109 Abs. 1 GewO dazu verpflichtet, statt eines einfachen Arbeitszeugnisses, ein qualifiziertes Arbeitszeugnis auszustellen.

Neben den beschriebenen Inhalten des einfachen Arbeitszeugnisses, umfasst das qualifizierte Arbeitszeugnis zusätzlich Beschreibungen über das Verhalten des Arbeitnehmers (vgl. Urteil des LAG Hamm 4. Kammer, 27.2.1997: 4 Sa 1691/96).

Seit 2002, der Novellierung der Gewerbeordnung, ist das einfache Zeugnis in § 109 Abs. 1 Satz 2 GewO und das qualifizierte Zeugnis in § 109 Abs. 1 Satz 3 GewO klar definiert und somit auch gesetzlich verankert.

Laut Urteil des LAG Köln, entspricht es nicht dem Gebot der Wahrheitspflicht, wenn ein Arbeitgeber eine Zwischenform aus einem einfachen und qualifizierten Arbeitszeugnis ausstellt (vgl. Urteil des LAG Köln 4. Kammer, 30.3.2001: 4 Sa 1485/00).

Gleichzeitig dürfen Arbeitgeber ein Zeugnis nicht automatisch auf Verhalten oder Leistungen begrenzen (vgl. Urteil des LAG Hamm 4. Kammer, 17.12.1998: 4 Sa 630/98, Rn. 71).

In Abgrenzung zum einfachen und qualifizierten Zeugnis, haben Auszubildende, Volontäre oder Praktikanten einen Anspruch auf ein Ausbildungszeugnis. Beamte des öffentlichen Dienstes haben ein Anspruch auf ein Dienstzeugnis. Seeleute hingegen haben einen Anspruch auf eine Eintragung in das Seefahrtbuch.

Für Angestellte im öffentlichen Dienst sind die entwickelten Rechtssätze der Privatwirtschaft gleichermaßen auf das Zeugnis anzuwenden (vgl. Urteil des BAG 9. Senat, 4.10.2005: 9 AZR 507/04, Rn. 18).

Man kann hinsichtlich Zeugnistypen zwischen dem Endzeugnis, der Referenz und dem Zwischenzeugnis unterscheiden. Alle Rechtsprechungen aus den Kapiteln 2 und 3 beziehen sich in dieser Ausarbeitung auf Endzeugnisse.

Wie bereits in Kapitel 2.1. beschrieben, hat ein Arbeitnehmer nur unter besonderen Umständen einen Rechtsanspruch auf ein Zwischenzeugnis. Unter dem Begriff einer Referenz versteht man „kein Zeugnis im Sinne des Gesetzes" (Huesmann 2008: S. 49).

Besonders geläufig ist der Begriff einer Referenz im Bereich der angelsächsischen Länder. Dort gibt es keine im Sinne von Zeugnissen exakt vergleichbare Institution. In diesen Ländern sind eher freiwillige Referenzen von früheren Arbeitgebern oder vertrauten Personen üblich.

4. Formanforderungen an ein Zeugnis

Hintergrund eines qualifizierten Zeugnisses ist es, dem Arbeitnehmer zu bescheinigen, in welcher Form und Qualität der Arbeitnehmer die ihm übertragenen Aufgaben und Tätigkeiten bewältigt hat. Damit sich aus dem optischen Eindruck eines Arbeitszeugnisses keine Geringschätzung des Arbeitnehmers durch den Arbeitgeber ableiten lässt, muss das Arbeitszeugnis sowohl formal, als auch inhaltlich perfekt sein. Enthält ein Zeugnis zum Beispiel Verbesserungsvorschläge für den Arbeitnehmer oder weißt Rechtschreibfehler auf, so könnte man direkt eine Distanzierung des Verfassers vermuten (vgl. Höfers 2011: S. 29).

Gleichzeitig bedeutet diese Anforderung aber auch, dass das Zeugnis auf ordentlichem Papier, mit guter Qualität, ohne Flecken und in einem einheitlichen Layout geschrieben sein muss.

Wenn es für das Unternehmen üblich ist, Firmenbögen für die Korrespondenz zu nutzen, so muss auch das Arbeitszeugnis auf diesen Firmenbögen verfasst sein (vgl. Urteil des BAG 5. Senat, 3.3.1993: 5 AZR 182/92).

Eine weitere Vorgabe ist es ein Arbeitszeugnis grundsätzlich in der 3. Person Singular abzufassen (vgl. Urteil des LAG Düsseldorf 3. Kammer, 23.5.1995: 3 Sa 253/95).

Sowohl das einfache, als auch das qualifizierte Arbeitszeugnis muss in schriftlicher Form verfasst sein (vgl. § 109 Abs. 1 Satz 1 GewO). Ein Arbeitszeugnis per Telegramm, Fax oder E-Mail erfüllt diese Formvorschrift nicht. Gleichzeitig erfordert die Schriftform nach § 126 BGB, dass das Zeugnis eigenhändig unterzeichnet ist. Damit die Unterschrift dem Unterzeichner sicher zugeordnet werden kann, muss das Zeugnis zudem auch eine maschinengeschriebene Namensangabe enthalten. (vgl. Urteil des LAG Hamm 4. Kammer, 28.3.2000: 4 Sa 1588/99).

Im Falle einer Unterschrift eines Arbeitgebers, die aus gleichmäßigen Auf- und Abwärtslinien bestand und ca. ½ Seite einnahm, entschied das LAG Nürnberg, dass die Freiheit, seine persönliche Unterschrift nach belieben gestalten zu können, dem Zweck eines ordnungsgemäßen Zeugnisses in diesem Falle untergestellt sei (vgl. Urteil des LAG Nürnberg 4. Kammer, 3.8.2005: 4 Ta 153/05).

5. Schadensersatzansprüche und Auskunftsrechte

Im letzten Teil, der Ausarbeitung von rechtlichen Grundlagen zum Thema Arbeitszeugnisse, werden in diesem Bereich die Auskunftsrechte der Arbeitgeber gegenüber potentiellen neuen Arbeitgebern erläutert. Zudem werden Schadensersatzansprüchen von Arbeitnehmer oder evtl. geschädigter neuen Arbeitgeber aufgrund von falschen Aussagen in Arbeitszeugnissen näher dargestellt.

1957 beschäftigte sich das BAG erstmalig mit der Frage, ob Arbeitgeber gegenüber Personen, die mit dem ausgeschiedenen Arbeitnehmer in unmittelbaren Verhandlungen bezüglich eines Abschlusses eines Arbeitsvertrages stehen, eine Auskunftsplicht haben. Die Richter des BAG haben diese Frage damals positiv beantwortet (vgl. Urteil des BAG 1. Senat, 25.10.1957: 1 AZR 434/55). Allerdings darf man bei dieser Urteilsbegründung den Aspekt der Beeinträchtigung der „informationellen Selbstbestimmung des Arbeitnehmers" (Huesmann 2008: S. 64) nicht vernachlässigen. Eine gesetzliche Grundlage findet das Urteil des BAG nicht. Daraus resultiert eine Entscheidung des BGH von 1959, dass aufgrund der Treue- und Fürsorgepflicht die jeweiligen Arbeitgeber dazu verpflichtet sind, dem ausgeschiedenen Arbeitnehmer über eine solche Auskunft zu informieren (vgl. Urteil des BGH 6. Zivilsenat, 10.7.1959: VI ZR 149/58).

Der Arbeitgeber ist jedoch verpflichtet, nach bestem Wissen und Gewissen diese Auskunft nur an solche Personen zu erteilen, die ein berechtigtes Interesse haben (vgl. Urteil des BAG 3. Senat, 18.8.1981: 3 AZR 792/78).

Der Arbeitgeber unterliegt bei einer solchen Auskunftspflicht natürlich dem Gebot der wahrheitsgemäßen Aussage und ist an die inhaltlichen Beurteilungen des Arbeitszeugnisses gebunden. Andernfalls kann der jeweilige Arbeitgeber für den Schaden zur Haftung gezogen werden, den der ausgeschiedene Mitarbeiter hierdurch erlangt hat. In einem solchen Fall liegt die Beweislast beim jeweiligen Arbeitnehmer (vgl. Urteil des BAG 3. Senat, 29.1.1981: 3 AZR 268/78). Gleiches gilt auch im Falle eines gerichtlichen Vergleiches über den Inhalt eines Arbeitszeugnisses. Auch hier hat der Arbeitgeber diesen Inhalt in seiner Auskunftspflicht zu vertreten.

Kann der Arbeitnehmer dem Gericht beweisen, dass ihm durch eine unrichtige oder verspätete Erteilung des Arbeitszeugnisses, die somit auf eine schuldhafte Verletzung der Zeugnispflicht beruht, ein Schaden entstanden ist, so kann er in diesem Fall Schadensersatz nach § 823 BGB verlangen (vgl. Urteil des BAG 3. Senat, 25.10.1967: 3 AZR 456/66).

Schadensersatzansprüche kann der neue Arbeitgeber gegenüber dem früheren Arbeitgeber zu dem gelten machen, wenn das Arbeitszeugnis ursächlich für die neue Beschäftigung ist. Hierbei muss das Arbeitszeugnis grob falsch gewesen sein und eine absichtliche Täuschung des Arbeitgebers vorliegen. Im Jahr 2000 kam es vor dem OLG München zu einem Prozess, bei dem ein Arbeitnehmer seitens des früheren Arbeitgebers eine äußere Zuverlässigkeit und Vertrauensstellung bescheinigt wurde, obwohl dieser einige Jahre zuvor einen höheren Geldbetrag unterschlagen hatte (vgl. Urteil des OLG München 1. Zivilsenat, 30.3.2000: 1 U 6245/99).

6. Fazit

Arbeitszeugnisse finden in der Praxis eine große Bedeutung und sind für den Erfolg einer Bewerbung mitentscheidend. Dem Zeugnisempfänger kann durch das Unwissen des Zeugnisausstellers die berufliche Zukunft unnötig erschwert werden. Dem Arbeitgeber sollte bewusst sein, dass er mit dem Ausstellen eines Arbeitszeugnisses eine hohe Verantwortung hinsichtlich des beruflichen Werdegangs des Arbeitnehmers trägt. Potentielle neue Arbeitgeber sollten bei der Arbeitszeugnisanalyse nicht jedes Wort auf die Goldwaage legen. Letztlich sollte der Gesamteindruck des Bewerbers für die Anstellung entscheidend sein. Um unnötigen Streitigkeiten und Prozessen zwischen Arbeitnehmer und Arbeitgebern zu vermeiden, ist Arbeitgebern zu empfehlen, bei der Ausstellung des Arbeitszeugnisses, der absoluten Sorgfaltspflicht nach zu kommen. Außerdem können viele Streitigkeiten vermieden werden, in dem man dem Arbeitnehmer während seiner letzten Beschäftigungstage einen Zeugnisentwurf vorlegt um ihm somit die Möglichkeit der Korrektur gewährt. Dabei ist wiederum an die Wahrheitspflicht des Arbeitgebers bei der Ausstellung des Arbeitszeugnisses zu appellieren. Letztendlich wird bei einer Besprechung eines Zeugnisses sicherlich weniger Zeit aufgewendet, als bei einer später gerichtlichen Auseinandersetzung.

Literaturverzeichnis

Hesse, Jürgen; Schrader, Hans Christian (2015): Das perfekte Arbeitszeugnis. Stark Verlag

Höfers, Petra (2011): Arbeitszeugnisse in Industrie, IT und Handwerk. Bund-Verlag

Huesmann, Monika (2008): Arbeitszeugnisse aus personalpolitischer Perspektive. 1. Aufl. GWV Fachverlag

Münchener Anwaltshandbuch Arbeitsrecht (2005), hg. Von W. Moll, München: Beck

BEI GRIN MACHT SICH IHR
WISSEN BEZAHLT

- Wir veröffentlichen Ihre Hausarbeit,
  Bachelor- und Masterarbeit

- Ihr eigenes eBook und Buch -
  weltweit in allen wichtigen Shops

- Verdienen Sie an jedem Verkauf

Jetzt bei www.GRIN.com hochladen
und kostenlos publizieren